AF280506

Love Jordan

Und sie hört nicht auf, die Liebe

Gedichte

Danke

Gerhard,
für nie ermüdende Liebe, Vertrauen und Unterstützung.

Ilona Hengst,
für innige Verbundenheit und Nähe, Rat und Ermutigung,
ohne die alles sehr viel schwerer gewesen wäre.

Hartwig Schulte-Loh
und Brigitte,
für wunderbare Freundschaft und den entscheidenden Anstoss
zur Verwirklichung eines langgehegten Traumes.

24. Juli 2002

Herstellung: Books on Demand GmbH
ISBN 3-8311-4407-9

Für Marie

Abendrot

In der sanften Stille des Abends
fällt es mir ein.
Das kleine leise Wort.
Dein Wort.
Dein banges Wort zum Abschied:
Nicht.
Du sollst nicht... ?
Du darfst nicht... ?
Nein! Lebendiger. Schöner.
Vergiss nicht.
Vergiss mich nicht.

Aus der plötzlichen Glut des Abends
bricht der entfesselte Himmel zu mir
durchs lang schon angelehnte Fenster.
Inniges Rot.
Sonnenrot
kurz vor der Nacht.
Ich mag nicht... ?
Ich kann nicht... ?
Nein!
Vergiss nicht.
Vergiss mich nicht.

Morgen werde ich bei Dir sein.

Abgesang?

Liebe
wolltest du nicht nehmen

Ich hätt davon so viel gehabt
Kosmische Weiten
voller Zärtlichkeiten
für dich

Freundschaft
war dir da schon lieber

Die hab ich eisern durchgehalten
weil ich`s versprochen
so an die hundert Wochen
für dich

Die Liebe hast du verstoßen
Die Freundschaft hast du vertan

Und ich?
Ich hab mich gebeugt
und armgeliebt
Was fange ich jetzt mit mir an?

Abschied

Was nun?
Dich wach küssen heute nacht?
Noch einmal solange es geht?
Klägliche Versuchung
Grausames Spiel

Wach sein
Wirklich da sein
Den ätzenden Dunst der Angst atmen
in kosmischer Verlorenheit
Hören
Sehen
Fühlen
und schmecken all die Bitterkeit
letzter Begegnung
Haut zu Haut fügen
wo Herz zu Herz schon nichts mehr rührt

Nein!
Dich träumen lassen heute Nacht!
Solang es eben geht
Und ich...
Ich werde einfach fort sein

ach bitte

ach bitte
frage nicht so leicht dahin
wie es mir geht
danke gut
ich komme zurecht
glatt gelogen
Lüge für dich
Lüge für mich
wie will man zurechtkommen
unbegehrt
abgewiesen
verwundet im Ziele
mit einem sprühenden Sommerherz
mutig
ohnmächtig
eingekeilt im Stau unterdrückter Gefühle

und du
ich frage jetzt dich
wie geht es eigentlich dir
danke gut
du kommst zurecht
glatt gelogen
Lüge für mich
Lüge für dich
wie will man zurechtkommen
enttäuscht
einsam
verletzt seit Ewigkeiten
mit einem zähen Winterherz
unmutig
gefangen
verlorn im Geröll erstarrter Zärtlichkeiten

ach, liebe mich doch

ach, liebe mich doch
will sein so ganz in der Mitte von Dir
da, gerad da in Dir
zwischen Kopf und Bauch, wo
Schall und Rauch
sind Plan und Gier

vom kahlgefrorenen Träumebaum
pflück mich hinab in die Mitte von Dir
warmes Herzundseeleloch
zwischen Kopf und Bauch
ach, wie ich es brauch
ach, liebe mich doch

Albtraum

kommt da wer
mein weiteres Leben
auf ewig zu klären
und die Wahl mir zu geben

ich muss mich entscheiden
lieben nur
oder geliebt alleine
zur Folter verkommen würde bei beiden
ohne das andere das eine

Alltag

Schön ist das Alltagsgesicht
Glücklichsein kommt aus den Stunden
Wenn Suchen Entdecken verspricht
Wenn Fragen Verborgenes erkunden

Geheimnisse in deinen Küssen
Andere Augen am Morgen
Ich möchte so gerne wissen
Was hält dieses Lächeln verborgen?

am Strand

warmer Sand
leere Muscheln in der Hand
weggetan
seingelassen
lieber den Sand rinnen lassen
durch die Finger
wieder und wieder
und an damals denken
als ein schüchternverzückter
sonniggeschickter
blutjunger Mann seinen Arm um mich schlang
Ostseeglück
lange zurück
und doch ganz nah ...

plötzlich spüren
sie ist wieder da
diese alte wohlige Wärme in mir
und dann sachte gleiten
in Sehnsuchtsweiten
in einen wundersam rauschigen Traum von dir
Wellenspiel im Verzückungschauder
also doch
Muschelgeplauder so wie nie
weggezogen
freigelassen
ins Erwachen zurück
den warmen Sand noch wie vor in der Hand
endlich seit langem
erwachen im Glück

Bali

Sonnenaufgänge
Sonnenuntergänge
      Dazwischen Lächeln für mich

Ich bin gestrandet
Irgendwo hier
Sehr weit
Übermeer
Wo der Sternenhimmel
so unvergleichlich ist
Reich
      Mächtig
            Glitzerschweifend
Wünsche?
Na und...
Zelt aller Möglichkeiten

Ich bin verloren
Gerade hier
Fern von dir
Übermeer
Wo die Sehnsucht
so unermesslich ist
Heiß
      Klammernd
            Besitzergreifend
Träume
geweint...
Schoß aller Grausamkeiten

Bei dir

Ich sitze bei dir
und denke:
Noch längst ist nicht alles gesagt.
Aber ich muss bald gehen.

Ich sitze bei dir.
Im Fieber.
Noch nie haben wir uns berührt.
Aber ich muss bald gehen.

Du reichst mir den Tee.
Du plauderst.
Und ich bin nichts mehr als Sehnsucht...
    Muss ich wirklich bald gehen?

Demut

In Augenblicken der Angst
grad wenn es Nacht wird
schleifen meine Sinne
über Land, Wuchs und Stein
in ahnweher Berührung

Spür ich die kühle Erde werben
unter kahlgebrannten Tagespfaden

Hör ich die ewige Eule locken
aus schwarzgesättigten Wacholderhainen

Seh ich Eine sträubend knien
auf einsam steinern Stufen jenes Doms

    ragend in die Unendlichkeit des Schlafs

In Augenblicken der Angst
grad wenn es Nacht wird
tasten meine Träume mich
zu dir; du meine Lieb
in wacher Demut

Die gute Erde

Hier ist die Erde gut
Tief
Und schwer
Schollen sinken in Furchen zurück
Linienspiel
wenn man pflügt

So ist die Erde auch
Tiefer
Schwerer
Boden wölbt sich reich vor dem Pflug
Regenzeit
Güsse tun gut

Ich bin hier
Ohne Maß
Trunken von dir
Aufgewühlt ohne Hin und Zurück
Anfang und Ende
Ich bin die Hoffnung auf Glück

Die Kraniche ziehen

Die Kraniche ziehen ...
Schwarz-weißer Flügelschlag
Schwarzer Tag
Ich bin gefangen
Das Glück ist gegangen

Die Kraniche ziehen ...
Rettender Sonnenflug
Träume genug
Süden und Frieden?
Der Hort ist geblieben

Die Liebenden frieren
Schwarz-weißer Flügelschlag
Hoffnungshag
Nichts ist für ewig genommen
Du wirst wiederkommen

Du bist schön

Dein Blick ist Zweifel
Er kommt zögernd
Doch manchmal ruht er auf mir
Er ist schön

Ich finde Dich schön

Deine Stimme ist Argwohn
Sie kommt trotzig
Doch manchmal wärmt sie mich
Sie ist schön

Ich finde Dich schön

Deine Berührung ist Angst
Sie kommt flüchtig
Doch immer wühlt sie mich auf
Sie ist wunderschön

Du bist schön!

Deine Augen...
Dein Mund...
Deine Hände...
Komm!

Ich erlöse Dich

du hattest Geburtstag

in der Nacht davor
konnt ich nicht schlafen
lag hellwach
hab nachgedacht
hab Fragen gestellt
Ursprünge belichtet
Dinge verdichtet
mein Urteil gefällt

du warst weit
doch mir war warm und gar nicht mehr weh
weil ich dich seh

in der Nacht davor
konnt ich nicht schlafen
war hellwach
hab viel noch gemacht
schrieb das Gedicht ganz in Ruh
noch einmal schön
hab nach der Rose gesehn
gab Wasser dazu

es war spät
band trotzdem noch Schleifen um all meine Treu
dass du dich freust

am Tage dann
konnt ich kaum warten
war aufgewühlt
hab so vieles gefühlt
hab mich von Arbeit und Pflicht weggestohlen
meine Zeit dir zu Füßen gelegt
und das
was mich sonst so bewegt...
gab dir die Rose unverhohlen

ich war schön
du warst blaß und müde und hattest kaum Zeit
doch du hast dich gefreut

am Abend des Tages
war ich schrecklich allein
lag hellwach
hab nachgedacht
ob die Rose noch Wasser hat
wohin du sie gestellt
wie die Angst mich doch quält...
der Schein wurde matt

du warst weiter als weit
ich war blaß und müde und nicht mehr schön
habs im Spiegel gesehn

was war verloren?
du wirst dich melden
morgen doch
ich hielt mich dran hoch
dass du wenigstens sagst
hei du, es war schön
hab dich wieder gesehn
und das Gedicht ist ganz groß

bist immer hier mit den Zeilen
die ich da las
und die Rose steht auch noch im Glas...

am anderen Tag:
da war was verloren
nichts war zu hören
      du hast nichts gesagt

Du liebst mich nicht

Du liebst mich nicht.
Schon gut.
Was kannst du dafür?
Doch
viel zu laut sagst du's mir.
Worte. Getöse.
Wütend.
Böse.
Der Grund erbebt.
Geduckt und klein
ist alles dann,
was wirklich in mir lebt.

Du liebst mich nicht.
Schon gut.
Was kannst du dafür?
Doch
viel zu oft sagst du's mir.
Schwerter. Stöße.
Blutig.
Böse.
Der Krieg findet statt.
Am Boden liegt
das Wunderbarste,
was je in mir begonnen hat.

Erdbeeren

Erdbeeren da auf dem Tische
tiefrote, süße, sonnenfrische

Erdbeeren gegens Verzagen
Für Wärme im Bauch
Die brauche ich auch
Nach diesen ewig kalten Tagen

Verlangen

Verwehren
Verwinden?

Versuchen
Versinken?

Immer verlieren
Wenn du da bist

Erinnerung:
Als es Nacht wurde

Als es Nacht wurde
warst du jener Zauber
Vogel mit den kosmischen Schwingen
Stießest ungestüm hervor
hinter schwarzer Wolken Totentanz
und bautest mir ein Nest aus weißen Federn:
Fühl nur, es ist warm!

In angeschwollener Dunkelheit
warst du jener einzig Seiende
Massige Mond
Schobst Dich strahlend
aus des Himmels Unterholz
und wurdest mein gerechtes Auge:
Sieh nur, diese Welt ist schön!

Am lichten Morgen
kamst du zu mir als das Süße
Lied mit den unendlichen Strophen
Umschlangst verwegen
mein noch bloßes Herz
und wurdest meine wahre Stimme:
Sag`s jetzt, das ist die Liebe!

Erster Schnee

Früher November
Erster Schnee
Himmlisches Geben

Frühes Erwachen
Erstes Fühlen
Süßes Du

        Weiß auf den Zweigen
        Wärme im Zimmer
        So überleben

Erwachen

Vor blau-weißem Himmelsbogen
Mit linden Frühlingswogen
Blattgrüngetragen
An ganz frühen Tagen

Ist einzig das
Was
Mir geschieht:
Ein süßes Vogellied

        Lerchensuchen
        Taubenrufen

        Erwachen hier!
        Alles gilt mir

Ich bin alles
Alles gilt mir

Sehnsuchtsgesang
Hoffnungsklang

        Alles, alles kommt von dir

Es riecht nach Herbst

Es riecht nach Herbst
Der Morgentau ist kühl
Die Äpfel liegen im Gras
Spinnweben in den Bäumen

Es riecht nach Herbst
Du bist früh gekommen
Ich hatte dich für mich allein
Einen ganzen warmen
       sonnigen Tag lang

Früher Fall

Alles war früh dieses Jahr
Die Kirschblüte fiel im April

Erweckt
Entblößt
Erfroren
Der rote Traum starb still

Alles war früh dieses Jahr
Die Hoffnung verlor sich im Mai

Versprochen
Vertan
Vergessen
Aus Eins und Eins ward nicht Zwei

Frühling

Ein sanfter Tag.
Der Frühling kündigt leise an
den Mut zu schöpferischem Streben.
Und plötzlich Hoffnung.
Freude dann
im Übermaß...
Ach, leben!

Ein einziger Tag.
Beglückend zart.
Ich nehm ihn auf mit allen Sinnen.
Verwegen wird,
was in mir harrt,
und frei,
das Neue zu beginnen.

Frühlings-Regen

Seh sie fallen
Perlenschnüre Regen
Hör sie
auch von allen
wintersatten Dächern klicken
Ahn, wie sie sich
dann in Erdenspalten drücken
und dort sanft um aufgebrochne Sehnsucht legen

Seh dich drängen,
Lieb, heraus aus kaltem Fluss der Schmerzen
Hör dich,
gleichwohl Grasgesängen,
an mein braches Zimmer klopfen
Spür dich
dann mit tausend Tauentropfen
meinen spröden Morgenmund benetzen

Gefroren

Irgendwann
muss Dein Herz gefroren sein

Kein strahlender Tag
und keine sanfte Nacht haben's
wiedergutgemacht

Irgendwann
muss Dein Herz gefroren sein

Kein glühendes Wort
und kein zärtliches Lied haben's
recht gerührt

Ach
irgendwann...

Irgendwann wird nirgendwann
gefroren
verloren

Alles scheint verloren
Alles fließt und findet sich
Ich bin gut für Dich

Gelegenheit

Rote Seide: Gelegenheit.
Gibt es nur im Ballen.
Wird mein neues weites Kleid.
Das weiteste von allen.

Ich hätte es gern enger.
Zu schade doch um den Verschnitt.
Auch warte ich nicht länger.
Nehm eben alles mit.

Gemälde:

Mädchenmund

Mädchenmund
Rosengleich
Wehmut kommt an meine Seele
Dass ich leise mich wegstehle
Ach
Wie jung, wie schön, wie reich

Frauenmund
Sinnenstark
Du erwartest mich mit Küssen
Wolltest nicht so lange missen
Das
Was er an Tiefen hat

Gib Deine Hand

Gib Deine Hand her
Schieb sie herüber
Zu mir
Über den großen Tisch zwischen uns
Leg sie ganz fest in meine

Gib Deine Hand her
Ich brauche Wärme jetzt ...

      Deine
      und eben nur Deine

glücklich sein

glücklich
glücklicher
am glücklichsten

glücklich macht
dich zu kennen
nah dir zu sein
in deine Augen zu sehen
deine Stimme zu hören, die sanfte
mit dir zu reden
zu lachen mit dir
mir Mut zu holen
Mut zu geben
      von dir zu träumen...

glücklicher wär ich
weit zu fahren mit dir
auf Wiesen zu liegen
in den Himmel zu sehen
spazieren zu gehen
gemeinsam zu träumen
Musik vor der Nacht
zu flüstern im Dunkeln
dich zu berühren
      zum Abschied ein Kuss...

glücklich
glücklicher
am glücklichsten

am glücklichsten sein...
das Meer suchen
den Steg zu Ende gehen
klar das Wasser
sehen bis zum Grund
die Tiefe ermessen
alles wissen
nichts fürchten
hinabsinken
        und schweigen...

nah sein
träumen
glücklich sein

ich hab's gesehen
endlich
nie gekanntes Land
glücklicher dennoch
am glücklichsten gar...
        wie weit ist das Meer
        wo der Steg...

Herbst

Schwerer sinkt die Nacht nieder
Kühler ist des Morgens Gruß
Alles um mich mahnt wieder
Dass der Sommer gehen muss

Leicht und fröhlich werd ich kommen
Sehne mich nach **Deinem** Gruß
Ach, Dein Blick macht mich benommen...
Frühlingsahnung wär Dein Kuss

Hoffnung

Wie der letzte Sommerwind
streichelnd die Erde
und das
was aus ihr bäumt
suchend nach dem
was in ihr jung gebettet
grad aus seinem Tun und
werbend schon
um das
was daraus wachsen könnt
nach stiller Zeit
an neu bereitem Tag

bin ich

bei dir ein letztes Mal
liebkosend dein Gesicht mit warmem Blick
unverirrter Hoffnung

Ich sitz auf hartem Steine

Ich sitz auf hartem Steine
und denke mir dabei
wenn ich jetzt nach dir weine
es wär dir einerlei

Läg ich im Rosengarten
und träumte vor mich hin
ließ alle Welten warten ...
Ich käm dir in den Sinn

Im Boot

Wie, ist das denn recht?

Ich träume von dir in eisigen Nächten
und in lauen Nächten auch
an Tagen mit Regen
wenn der mein Ufer grob zerwühlt
an Sonnentagen
wenn glitzernde See im Wiegen mit mir spielt

Ach, ist das denn gut?

Ich denke an dich mit jedem Zuge
und mit jedem Händeschlag
an Tagen voller Sturm
wenn der die Ruder fast zerfetzt
an stillen Tagen
wenn linder Hauch aufs Wasser Kräusel setzt

Ja, es ist schon gut.

Ich wärme mich an dir in meinen Träumen
im Wachen fühle ich dich auch
so halt ich mich ganz oben
die Fluten können mir nichts tun
an müden Tagen
such ich bei dir nach Ufern
um mich auszuruhn

Im Frühling

Im Frühling sah ich dich selten.
Die Sonne schien.
Das konnte für mich nicht gelten.
Du hattest mir nicht verziehn.

Im Frühling war ich verloren.
Die Luft war warm.
Ich habe trotzdem gefroren.
Du warst mir im Herzen gram.

Im Frühling ward meine Liebe
so tief und schön.
Du bist zu fern geblieben.
Du konntest sie nicht sehn.

...

Ich hab mich gerad gehalten.
Für später hin.
Im Frühling sah ich dich selten.
Doch die Sonne schien...

Kindheitsmuster
(Spätes Gedicht für Großmutter Marie)

nein
ich bin nicht mehr das Kind
in leichtem Glauben an Wärme
nähegewohnt
liebessatt
träumefliegend
heimwehmatt

hier
hecheln die Frauen
im schwülen Dunst der Verdächtigung
kindheitskrank
Schwächeflucht: Eifersucht
Begier und Scham
Leidensdruck: zu kurz gekommen
Frauengram

dort
tönen die Männer
im laxen Geist der Arroganz
kindheitskrank
Schwächeflucht: Machtsucht
Erfolg und Wahn
Leidensdruck: verlusterfahren
Männergram

nein
nicht mehr das Kind
nicht mehr Glauben gleich auf der Haut doch
Träumen noch immer in Himmelsräumen
Wärme, Nähe, Liebe ...ach
Du Marie, und Heimweh
mehr denn je

Kühle Jahreszeit:

Spaziergang am See

Weg ins Land
Moos und Sand
Wald am stillen kühlen See
Goldgelber Blätterschnee

Gang zu zweit
Einsamkeit
Angst vorm ungesagten Schwur
Herbstscheue Liebesspur

Lavendel

Lavendelduft in meinem Zimmer
Süße Hoffnung
   mit dem Wind
Ahnung Blau
Jener Schimmer
Blau
   ... wie Deine Augen sind

Liebesbriefe

Im gierigen Auge des Schakals
trotzig
die Wahrhaftigkeit gewagt
die Liebe zugelassen
sie gar aufgeschrieben
und getrost an einen hingesandt
der alles nahm und alles las
und schwieg
der im eigenen Verlorensein
bebte und widerstrebte
und mit gespaltenem Glauben
an sich und an mich
saugte und ausspie
brauchte und verstieß
der mich abgründig fernhielt von sich
aber nie wirklich losließ

Im bitteren Aufdunst der Endlichkeit
tollkühn
das Glück versucht
die zerschundene Liebe geborgen
wieder und wieder in Zeilen gefügt
sie damit ewig gemacht
gegens klägliche Verkommen
fürs tägliche Lodern in mir
und für einen aus Lust und Verrat...

Immerhin so auch wirklich gelebt an ihm
immerhin überlebt an ihm
an einem der alles nahm und alles las
und schwieg
der im eigenen Verlorensein nie wirklich satt
der mich abgründig fernhielt von sich
aber all meine Briefe noch hat

Maiwind

Du Schöner
zerstäubt bist Du
im lockenden Maiwind
feinkörnig haltlos
rieselst Du nieder
nach kraftentleertem ersten Schub
dann irgendwo weit
auf kaltem flachen Land liegst Du
verschwendet
in ewiger Unkenntlichkeit

und wenn ich mühsam gegenhalt
Du Schöner
allein hier meine Hände diesem Wind
die Finger dicht
zur warmen Mulde vorgebeugt
bleibt etwas doch von dem
verschont
haftet an mir
was sonst noch eifrig weiter wollt
und findet irgend seinen Grund...

> auf dem es wohlig quillt
> auf dem es wachsen könnt
> zu neuem schönen Bild

Märchen-Prinz

Ich bin`s.
Du weißt es.
Du fühlst es, komm!
Sei endlich mein Prinz!
Mein König Frosch,
Drosselbart oder Bär.
Alles das.
Egal was.
Was du willst, nur nicht Der:
Der gewisse Stilz oder Rumpelzwerg.
Der Hässliche.
Der Gierige, Geizige, Feige.
Komm endlich her hinter den siebenten Berg.
Niemand entdeckt dich.
Mein Prinz, ich schweige.
Hier wissen es nur sieben klitzekleine
Büblein.
Die Guten.
Die machen mich schön im gläsernen Schreine.
Doch sieh, nichts ist tot. Ich bin`s.
Ich bin`s. So küß mich!
Erlöse mich! Ach!
Sei endlich mein Prinz!

Mein und Dein

Du bist ein Teil des Mein
Und ich ein Teil des Dein

Du magst es fühlen
Du magst es wissen
                    Wollen oder nicht

Es wird nun immer so sein

Meine Freiheit

Wirklich Freiheit
wäre für mich
dir sagen zu dürfen:
Ich liebe dich

Wirklich Freiheit
habe ich keine
Denn spräche ich`s aus...
Wo bliebe dann deine?

Meine Träume

Ich kann auf meine Träume nicht verzichten.

Sie sind so stark
dass sie mich vorwärts ziehn
Sie sind so schön
dass sie mich immer wieder aufwärts richten

Ich will auch meine Tränen nicht vermissen

Sie sind so heiß
weil ich um dich mich müh
Sie sind so viel
weil ich um dich hab bangen müssen

Ich kann auf meine Liebe nicht verzichten

Sie ist so stark
dass sie mich vorwärts zieht
Sie ist so schön
dass sie mich immer wieder aufwärts richtet

Mittelpunkt

Du bist der Mittelpunkt in meinem Leben
Der Punkt?
Das ganze Ich bist Du
Die Welt
Das All
Ich weiß
Du fürchtest Dich deswegen
Und manchmal komm auch ich darüber fast zu Fall

Der dunkle Schmerz in mir ist Spüren
In Deiner Angst
Zu enden
Sinnlos
Müde sein
Ich weiß
Du würdest nur noch an mir frieren
Was blieb? Wir wären beide klein

Motivation

Und wenn ich ein winziges Kleeblatt wär
wüsste ich doch
in den Ursprung zu treiben
Leben zu saugen
an mich zu glauben

Wüsste ich
mein Sehnsuchtsgrün in den Wind zu heben
aus Wiesengequirl
aufzustreben
Wüsste ich
Himmelblick zu genießen. Und
einzig zu sein
vierfach zu sprießen

Wenn ich ein Kleeblatt wär
wollte ich dann
an deinem Weg prangen
Verheißung sein
wachem Verlangen

Und reißt du mich aus?
   So würde ich eben
      Himmel
         in dir
            als süße Hoffnung
               als Hoffnung auf Glück weiterleben

Nähe

gern
würd ich mich erkennen
nur in Deinem Lächeln
wie gern würd ich
hoch oben fliegen
auf guten leisen Worten von Dir
und ach
ruhen dann ...
einschlafen
auf einem Brief voll Poesie
Zärtlichkeit
die Du geschrieben hast

nichts
könnte mir passieren
kein Tag wär mir zu grell
mir wären Horizonte
nie zu weit
nur zum Verweilen ging ich nicht
und ach
die Nächte ...
kaltes Grau
ich übersteh`s
        weil ich Dich spüren könnt

nichts ist selbstverständlich

nichts ist selbstverständlich

ach, welche Weite tut sich auf
ich darf träumen
ich darf tun
unbekannte Erden betreten
nichts ist selbstverständlich
  ich bin nicht immer hier gewesen

nichts ist selbstverständlich

ach, welche Größe messe ich
ich darf weinen
ich darf lachen
Sehnsüchte himmelhoch senden
nichts ist selbstverständlich
  ich kenne Schmerz und Schmerzen

nichts ist selbstverständlich

allen Welten entrinne ich
ich bin zerstört
ich bin glücklich
ich liebe
nichts ist selbstverständlich
  ich bin nicht mehr zwanzig

Nichts

Ich habe dich lieb.
Du sagst darauf
Nichts.
Nichts ist karg.
Nichts ist kalt.
Nichts ist Kein Bett und Kein Zimmer. Kein Haus.
Kein Nest.
Kein Weg.
Nichts ist schlimmer.
Viel schlimmer als Nein.
Ich habe dich lieb auf ewiges Bleiben.
Zu lieb. Ach ewiges Frieren!
Ich möchte ein Zugvogel sein!

Nur noch du

Seit die Welt voll ist von deinen Blicken
und jeden Tag dein Lied erklingt
ist mir
als würde alles entrücken
was nicht mit diesem Lied schwingt

Seit ich den Himmel über uns deckte
und dir schenkte meinen liebsten Stern
ist da nicht viel
was mich mehr erschreckte
als der Gedanke
du wärst mir fern

Ohne dich

Ohne dich
wirft die Sonne Feuerspitzen
kommt der Wind übers Eis
schlägt der Regen scharf auf die Haut

Ohne dich
treiben die Wiesen stählern blau
ragen die Bäume schräg
sinken all ihre Schatten schwer auf mich

Ohne dich
zerreißt jedes Lachen die Luft
sind die Märchen aus Glas
und bohren sich Lieder weh in mein Herz

Ohne dich...

    kann ich nicht leben

Oliven
    rotgefüllt

Grün und Rot
Hoffnung und Liebe
          bis zum Tod

Ich bin Hoffnung
Liebe bist Du
          immerzu, immerzu ...

Gestern Abend
kurz vor der Nacht
habe ich
etwas Schönes für Dich
ausgedacht

Du kamst müde
ungestillt
hungrig sehr ...
Da nahm ich die feinsten Oliven her
und hab sie mit Paprika gefüllt ...

Park von Sanssouci

Die Schritte
die ich neben dir gehe
knirschen auf den Kieswegen

Die Gedanken
die ich neben dir denke
verirren sich in Buchsbaumlabyrinthen

Die Träume
die ich neben dir träume
fliegen vermessen
hoch
wie das Gefühl Italien
unter Oleander und Palmen
          im Park von Sanssouci

Rheinsberg

damals...
lange vor der Zeit
hab ich mich oftmals hier verloren
hab ich die Enge abgestreift
wurd ich vom Atem der Wälder gehoben
bin ich am Hauch der Seen gereift

damals...
auch noch vor der Zeit
war ich gedrängt
ihn zu erkunden:
grauen Stein
in Moos gedrückt
hab ich die alten Schriften gefunden
war von des Prinzen Vers entzückt

heute
Lichtjahre im Maß
fühle ich wieder den einstigen Schauder
heben mich Wald und See und Moos
fängt mich ganz leise noch jener Zauber
komm ich von allen Geschichten nicht los

heute
Lichtjahre im Maß
bin ich doch neu hier angekommen
erstieg ich mit dir gerad jene Höh`
wo alle Sinne in Weite versponnen
glücklich
so glücklich war ich noch nie

Risiko

sehnen
verlangen
hoffen
bangen
    wirklich lieben
    Risiko

nehmen
geben
Fehler machen
und verzeihen
    ebenso

glücklich sein
ohne Leid
Illusion
    auf Ewigkeit

Ich will nehmen
Ich will geben
    wirklich lieben
    wirklich leben

Ich liebe dich
Glück und Leid
Risiko auf Ewigkeit

Schattenspiele

Anruf von dir
Hallo, wie geht`s?
Was machst du so?
Übrigens dein Brief: Vielen Dank dafür
Ja, wirklich schön...
Aber es ist schon zehn
Der Tag war hart
Bin schrecklich müde
Werde nach Hause geh`n
Jetzt gleich
Das wäre gescheiter
Mach`s gut
Schlaf gut
Wir reden morgen weiter
Ja, wirklich...

      Schattenspiele
      verdrängter Gefühle

Kein Anruf von dir
Die Stunden steh`n
Die Tage sind leer
Anruf von mir
Ach, wirklich du ...
Also, du bist dort
und meldest dich nicht
Bin fassungslos
Sollte doch fort
von dir
Das wäre gescheiter
Mach`s gut
Schlaf gut
Ich red jetzt nicht weiter
Ach, wirklich ...

      Schattenspiele
      verletzter Gefühle

Telefon in der Nacht
Na, wie geht`s?
Hast du jetzt Zeit?
Wie hast du die Tage verbracht?
Lass mal hör`n ...
Also, nicht schön
Ich hab dich gern
Du hast mir gefehlt
Wir werden uns wiederseh`n?
Morgen?
Das wäre ganz toll
Ich hab dich auch gern
Ich freue mich
Wundervoll und ...
Immer noch:

    Schattenspiele

    verdrängter
        verletzter
    verkannter
        versteckter

    tiefster Gefühle

Schwere Zeit

Gerad gestern
lockten die Wandervögel
Komm!
Flieg mit!
Übers Ried!
Übern brodelnden Sumpf
Igitt!
Komm mit!
Komm mit!
Stumpf
und schal
ists überall
Fliehn
Nur fliehn
ins ewige Grün

Und gestern auch
raunten die Lindenblätter
Komm!
Schweb mit!
Von wehem Hang
an erschöpftem Ast
Aus ists
Komm mit!
Komm mit!
Sei unser Gast
im Niedergang
Noch einmal bunt
Noch einmal hold
Wintergold

Lockten die Vögel
Raunten die Blätter

Ewiges Grün
Ewige Ruh

Sumpfgeschmetter
Winterangstzeter

Mein Bleiben
Mein Trotzen
Mein Leben bist du

Seit ich dich kenne

Seit ich dich kenne
bin ich heimgekehrt
Gerade zurück
zu mir selbst
Dahin
wo diese Fesseln nicht sind
Klammern gewordene Sicherheiten

Erlaubnisse
brauche ich keine
Urteile
bedeuten mir nichts
Verbote...
Lächerlich

Berauschende Freiheit
Atemlos
weit oben sein
wo die Sehnsucht ist
Egal
Und dann stürzen so tief
auf den grundigsten Grund aller Schmerzen

Selbsthilfe

Wenn mir sehr weh ist
weil du mich sein lässt
mit nichts
gegen Frost und
gegen Frust und gegen Schmerz

lauf ich hinaus
zu den trotzigsten Rosen
nehm sie in mein Zimmer
verzeih alle Dornen
und lass ihren Duft an mein Herz

So ist das eben

So ist das eben
Alle Fehler
die es gibt
hab ich gemacht in meinem Leben
Ich habe dich geliebt
Und nicht genug
Ich habe dich zu sehr geliebt

So ist das eben
Das verdirbt
Das macht man nicht als kluge Frau
Da ist man kühler
Spart sich auf
Doch ich hab dich geliebt
Zu sehr geliebt

Manchmal gar hab ich gejammert
Wie verwerflich
Man ist still als kluge Frau
Manchmal auch hab ich geklammert
Unerklärlich
Um Gottes Will'n!
So also hab ich dich geliebt

Das kommt davon
So ist das eben
Ich nur allein
trag alle Schuld
Ich lieg mit meinem Kummer ja so ganz daneben
wenn ich nun wein ...
Mit mir braucht man Geduld ...

Wie war das eben?
Und wer ist das
der so spricht?
Wer richtet da in meinem Leben?
Wer maßt sich an
sein Urteil abzugeben?
Wer ist der Wicht?

Nie gejammert
Nie geklammert
Nie gebebt
        vor Verlangen
Nie geliebt und
Nie gelebt
Abgehangen

So ist das eben
Krämerseele
die da ficht
Kann man jemals wirklich zu sehr lieben?
Entweder liebt man
oder
man liebt nicht...

Grausam schönes Herzgeflimmer:
Ich liebe dich noch immer

Sommer

Ich habe den Sommer lieb
Er ist wie du
Er tut gut
Er ist warm
Stark
Laut
Mutig kunterbunt

Jedenfalls leb ich mich
an ihm gesund

Er ist wie du
Er rüttelt mich. So
träumend
schwankend
zögerlich. Sommerkühle

Ungeduldsfieber

Ich habe ihn noch lieber
Der Sommer ist wie du
Sturmvogel
Regenkind
Manchmal müde
Manchmal blind
Manchmal einfach nur grün

Jedenfalls leb ich mich
an ihm auch schön

Sommernacht

Sommernacht
offenes Fenster
Wind kommt ins Zimmer
liege da für mich allein
schlafe nicht
träum wie immer
ist der Hauch
der drüber geht
zärtlich kühl
und das Nachtigallenlied
Hochgefühl

liege da für mich allein
schlafe nicht
träum wie immer
leiser Schmerz
Sommerwind
dass es Deine Hände sind

so wenig

ich hatte die Zweifel gelegt
weil ich so unentwegt
dir meine Pfade belichtet
die Gipfel benannt... ach
      so wenig dich erkannt

ich hatte dir angst gemacht
weil ich so unbedacht
dir meine Welt geöffnet
mit Horizonten gespielt... ach
      so wenig dich gefühlt

du hast mir wehgetan

hättest sonst mühsam nur
gegen mich durchgehalten
den tiefen trauten Quell geschützt
den alten Fels ringsum gestützt

Spaziergang allein
(1.Mai in Vogtareuth)

Frische Wiesen am Hang
Klee in Stauden
Butterblumen
Feines Summen
Sonnenflirren
Sanftes Tal bis weit dort unten
Schönheit
Freiheit
Überschwang

Hoffnung und Wärme so rein
Fühlen von eh
Vergessenes
Tiefes
Wunderbares
Kind war ich in seligem Ahnen
Fragen
Verwirrung
Glücklichsein

Frische Wiesen am Hang
Grün und gelb
Alle Welt
Schönheit
Freiheit
Überschwang...
Ich frage
Ich bin verwirrt
Ich bin nicht glücklich

Spaziergang im Oktober

Schritte
Raschelndes Herbstlaub unter den Füßen
Da ist ein Wind
Der vom See kommt
Kühle steigt auf
Wolken ballen sich
Doch der Regen ist fern

Worte
Papierdrachen zwischen uns
Kommt ein Seufzen
Bläst sie hinweg
Stille steigt auf
Gedanken ballen sich
Bleiben noch ungesagt

Plötzlich
Hinan führt der Pfad
Da ist der Rauch
Herbstfeuer brennen
Wärme steigt auf
O glühender Jubel:
    Du gehst neben mir

stark bin ich

verwundbar bin ich
überall
Lindenblätter fielen auf mich nieder
seit ich dich liebe

schwach bin ich
viel zu sehr
doch mag ich nicht das Eisen um mich legen
gegen die Speere

stark bin ich
mehr als jene
es kommt der Strahl mir bis zum Grund
an lichten Tagen
seit ich dich liebe

Traum

nachts kommt ein Traum daher
wieder und wieder neu
    du bist so gut
        sagt die Fee
    du bist so arm
        sagt die Fee
geb dir drei Wünsche frei

nachts bin ich aufgewühlt
glühend und zögernd gleich
    komm, sei nicht dumm
        sagt die Fee
    komm, sei nicht spät
        sagt die Fee
sonst ist das Spiel vorbei

nachts kommt ein Traum daher
wieder und wieder schön
    ich bin so arm
        sage ich
    maßlos zudem
        flüstre ich
doch soll nur ein Wunsch geschehn

so sprich
    sagt die Fee
ich bin bereit...

von Sehnsucht berauscht
    wag ich das Größte:
        ich wünsch mir Zärtlichkeit

Traum heute nacht

Was ist er wert?
Mein Traum
heute nacht,
der morgens,
als ich erwacht
ungefragt und brutal
zugab:
Ich war nun mal
          nur ein Traum!

Was sind sie wert?
Dein plötzliches Ja,
Dein süßes Verzehren
nach mir,
Dein wundervolles Begehren,
Dein Sinken in mich
und das Flüstern:
Ich liebe Dich...
          Nur ein Traum!

Was soll alles das?
Träume heut.
Träume immer.
Unendliche Sehnsucht nach Dir.
Hoffnungsglimmer?

Was sind sie wert?
All der Schmerz.
All das Flehn.
Zerfressene Zeit.
Und doch Auferstehn wieder und wieder...

Ja, was...?
Ungeschminkt und brutal gebe
ich zu:
Ich lebe
          Liebe total!

Tu was

Tu
dass ich schlafen kann des nachts
dass ich Träume habe
und nicht Untergänge
Tu das Einfachste
Tu das Schwere
Sei mir wirklich nah

Tu
dass ich auch gut sein kann am Tage
dass ich Lichter stecke
und nicht Höhlen grabe
Tu das Einfachste
Tu das Schwere
Sei nicht immer nur du

Tu
dass ich leben kann überhaupt
dass ich nehmen lerne
nicht nur geben
Sag das Einfachste
Sag das Schwere
Sag ein liebes Wort

Über eine Gedichtzeile

Wenn einer schreibt
vom Glück der Hoffnung auf Glück *
trifft er mich in meiner Mitte
Tage aus Hoffnung
gehören mir
Nicht mehr
Aber auch nicht weniger
Meine Wahrheit
Mein Wagnis
Mein Leben

Durch sie bin ich
Hoffnung auf dich
Mehr braucht`s nicht
Aber auch nicht weniger
Zu viel
So nährt sich die Lüge
sagst du und meinst nur
deine Furcht
deine Vorsicht
deinen Frieden

Du tötest es
Eigentlich
Doch uneigentlich steht es immer wieder auf
in mir das Glück der Hoffnung auf Glück
Wie kannst Du leben
Furcht oder Vorsicht
Was taugt dein Frieden
Lass sein
was ist
Das dann taugt

*Erich Fried (1921-1988): Gedicht „Bevor ich sterbe"

Und sie hört nicht auf, die Liebe

Mein Mund ist heiß von Deinen vagen Küssen
Er sucht nach Dir
Er schreibt Dir Sehnsucht auf die Haut
Und brennt sich fest
Und wird von Tränenströmen fortgerissen
Auf fremden Grund
Mit dem er nicht vertraut

Und sie ... Sie hört nicht auf, die Liebe
Ich schrei es stumm
Ich flüstre Dir die Sehnsucht an Dein Herz
Dichte mich fest
an Dir Und werd von Deinen Ängsten fortgetrieben
Und flüchte mich
Noch immer tränenwärts

Ungröße

Entrissen das Letzte und dann
Allein gelassen
      Wie zum Verrecken
Liege ich schon
Beine
Gebrochen wie Wurfstecken
Nach denen man Hunde hetzt
Kreuz und quer gesetzt
Im keimigen Schlamm des Verrats
Zum aufrechten Gang
Taugt bald nichts mehr

Entrissen das Letzte und dann
Allein gelassen
      Nur noch versinken!
Ich liege schon
Arme
Starr erschöpft wie Grabgabelzinken
Die sich in graue Büschel verkrallen
Vom toten Gras. Fallen
Und fallen auf modriges Land
Liebkosendes Band. Aus Seide gewesen. Ach
bald taugt nichts mehr

Augen. Und wie!
Kornblumen wachsen aus Schwemmgutwanden
Und dieser Mund. Warm
Rückzug im Fels aus Brandungskanten. Ewig
Sehen. Ewig speien
Erbrechen die Gischt. Meerwärts
Schreien
Schreien. Schreien die Freiheit. Sie ist!
Ungröße ...
Ich liege hier
Nicht unter ihr. Begraben? Nein!
Dein Geschäum taugt nichts mehr

Verloren

Du Freund
ich habe lernen müssen
zu bleiben
wohl doch
kalt ist mir.
Bitter sind die Lippen
ich schmecke es zu oft
blaß die Bilder um mich
ich sehe dich zu weit
im Grau.
Seltenes Rot
verloren.
Nichts ist mehr
so
wie es war.
Und du
Allerliebster gewesen
spürst die Veränderung nicht

Verrat

Auf den Wegen schieben Blätter sich
zu nassem Hauf
drüber wanken Äste kahlgeschlagen
roh vom Sturm
und noch drüber breitet sich
graues Schauspiel
rasenden Gewölks

Endlich fliehn ins heile Haus!
Wate doch auf sumpfem Grund
nach mir schleppt sich Hoffnung kahlgeschlagen
übel vom Verlust
vor mir schon entwächst dem Schlamm
graues Schauspiel
schäumenden Verrats

Von deinen wundervollen Blicken

Von deinen wundervollen Blicken
bleibt in mir ein leises Beben
Und deine Stimme
sanft und warm
hat mir unendlich gut getan
als fang ich jetzt erst an zu leben

Wenn deine Hände sich mir öffnen
leg ich die meinen darauf nieder
Da trifft die Wärme an den Grund
Nährt dort vergessne Gluten und
weckt jene Sommersehnsucht wieder

Was hab ich vor dir je empfunden
Der Schein von eh ist nur noch fahl
Ich habs vergessen
Wills nicht messen
So lieb ich doch das erste Mal

Von den Männern meines Lebens

Von den Männern meines Lebens
bist du nicht der Schönste
Auch der Reichste nicht
Klüger waren andere vor dir
Mächtiger

Charmanter
Edler
Eleganter

Nur wenn du mich ansiehst
Wenn du mit mir sprichst
Deine Hand mich streift
Verfluchter Zauber
Ahne ich
Ich liebe dich

Leise Doch
so lange schon
Und immer immer noch

Wahrhaftig

Ich bin die nie erfüllte Sehnsucht
Ich bin die nie belohnte Gewissheit
Ich bin der stets genährte Zweifel
Mag sein
Ich bin der satte Irrtum

Aber
ich bin auch die
die nie zu Ende geht
die oben bleibt
die die Schwerkraft überwindet
die Dich immer wieder sucht
die Dich überall findet

Ich
der nie bis zum Leib gelebte Traum
Ich bin die
die wahrhaftig da ist
die gar bliebe
über Erden, Chaos und Tod
Ich bin die Liebe

Was ich möchte

Ich möchte dein Gesicht küssen
Und deine Wärme spüren
Ich möchte deine Hände nehmen
Ich möchte deiner Haut begegnen

Ich möchte dich berühren

Ich möchte deine Blicke treffen
Dein Lächeln mir bewahren
Ich möchte deine Stimme hören
Ich möchte den Geschichten lauschen

Ich möchte dich erfahren

Ich möchte deine Träume ahnen
Und deine Sehnsucht finden
Ich möchte deine Ängste fassen
Ich möchte deinen Mut versuchen

Ich möchte dich ergründen

Was ist aus meinen Kinderträumen geworden

Was ist aus meinen Kinderträumen geworden
die zu mir gekommen sind
als die Unendlichkeit der Wiesen
genauso geheimnisvoll war
wie das erste Veilchen im Frühling?

Der Schilfteich war das Meer
und ich setzte meine Träume
in Papierschiffchen
die nach Afrika segelten
und mir von dort einen Marienkäfer mitbrachten

Voller Wunder waren jene Frühlingstage
Grenzenloses Staunen
Sonnenschein
als die Welt
willig ihre Geheimnisse preisgab
wenn ich sie danach fragte

Was ist aus meinen Kinderträumen geworden?
Sie brechen sich
durch Dschungel voller Nüchternheiten
Schürfen Spuren durch Vernunft
Erwachsene Freiheit
Und manchmal auch ein teures Glücklichsein

Was uns geschieht

Ach Du, die Nacht verkünd, was sie nicht hält
Ich fühle es, sie ist noch weit
Was wissen wir?
Wie lockend nachtgewandt der schwarze Vogel schreit?
Und wie von Tränen reich
Der schwere Weidenzweig auf uns hernieder fällt?

Nein, unser Tag hüllt sich in prallen Glanz
Doch eilen wir, als ob es gilt zu fliehn
Kaum ahnend dort des alten Baumes teures Grün
Noch hier des ewig jungen Quells
Verschwenderischen Tanz

So bleib und spür, was uns geschieht
Und halt uns nah der einzigen Zeit
Was haben wir?
Das Glück der taggewandten Seligkeit:
Das mächtige Schattenreich
Ergibt sich weißgeflaggt dem zarten Liebeslied

Wende

Weißt du noch?
So vieles war rar.
Wir vermissten nichts.
Wir nahmen uns alles.
So oft.
So schön.
Alles von dem,
was nicht zu geteilt war.
Alles,
was nie entgleist.
Alles,
was Liebe heißt.

Und jetzt?
So vieles ist da.
Wir sind dabei.
Wir spielen mit.
Es läuft.
Der Schein ist schön.
Auch der von dem,
was nie zugeteilt war. Nur
alles, alles,
was einzig gilt...
Wie lange schon
ist es verspielt...

Wenn du nicht da bist

Wenn du nicht da bist
ist jeder Windhauch
wie ein leises Liebeswort von dir
das mich hoch über die Wolken trägt
wo in der Stille
Zärtlichkeit gedeiht

Ist dein Kommen nah
fliegen alle Träume
dir entgegen
Halten kann ich sie nicht mehr
nur bangen
dass du sie auffängst
eh du bei mir eintrittst

Wenn es einen Tag gäbe

Wenn es einen Tag gäbe
an dem ich erwachte
ohne Lächeln
    Lächeln, weil es Dich gibt
an dem ich aufbräche
ohne Hoffnung
    Hoffnung, dass Du mich suchst
an dem ich abends einhielte
ohne Tränen
    Tränen, weil du wieder nicht kamst

Wenn es diesen Tag gäbe ...
Was wär das dann?

    Verlust oder Gewinn
    Ende oder Beginn
    Leere?
    Lebensfluss?

Sag Du`s!

Wenn ich alleine bin

Nur
wenn ich alleine bin
wenn Stille mich umgibt
kannst du zu mir kommen
ohne List
ohne Hast
ohne Schranken
kannst dich ausbreiten in meinen Gedanken

Hör dich meinen Namen sagen
hör uns Himmels-Worte flüstern
darf ich
Liebster
alles wagen

Immer
wenn ich die Augen schließe
wenn Weite mich erfüllt
bist du bei mir in der Dunkelheit
ohne List
ohne Hast
ohne Schranken
kannst dich ausbreiten in meinen Gedanken

Seh uns eng zusammen schweben
seh uns fliegen grenzenlos
ahn ich
Liebster
so ist Leben

Wie jedes Jahr...
Herbst

Wie jedes Jahr...
Mädchen toben mit dem Sturm
Verlachen sein Tun
Blätterstück
Ewigkeitslied
Göttliches Glück
         im goldenen Schein
Es ist
Es bleibt
Und alles wird sein

Wie jedes Jahr...

Frauen binden das reife Laub
Krönen ihr Haupt
Blättertanz
Brüchiger Kranz
         im goldenen Schein
Was ist?
Was bleibt?
Und was wird sein?

So lange schon...

Du hältst dich trotzig im Zeitengroll
Sinnst in Moll
Blätterfall
Sommerlied
waren einmal
         eins im betörenden Reigen
Wo ist
was blieb...
Sehnsuchtsschweigen

So lange schon...

Ich fühle Dich jene Schwermut tragen
Will's Dir noch immer sagen
Blätterfall
Sommerlied
Hör sie all
        all im betörenden Reigen
Ich bin nicht das Kind
Ich bin nicht die Frau
Ich bin dein Schweigen

Wie komme ich zu dir

Wie komme ich zu dir
Liebster
Wenn alle Wasser dieser Welt zusammenfließen
Zwischen uns
Die höchsten Berge bis zum Gipfel aneinanderschließen
Zwischen uns
Und auch der Himmel kein Erbarmen bietet
Nur Stürme schickt
Mit Blitz und Donner schreckt
Und Hagel schüttet
Zwischen uns

Doch weinen will ich nicht
Liebster
Wohl jede Träne ist zu viel
Sie füllt das Meer noch tiefer
Zwischen uns
Das Salz formt stetig Herz zu Stein
Er häuft den Berg noch höher
Zwischen uns
Am schlimmsten dann wär Zweifel unterm Himmel
Der mir den letzten Atem nimmt
Der mich erst kriechen lässt
Der mich zum Halten zwingt
Und dann verstümmelt
Wehe uns

Nein
Liebster
Nein
So komm ich nie zu dir
So kann`s nicht sein
Jedoch
Ich finde dich bestimmt
Hinweg dann aller Schaurigkeiten
Allein
Wenn du mich weiter glauben lässt
Und
Wenn aus Glauben
    Flügel mir erwachsen sind

Zauber

Zauberquellen nähren mich
Zauberkleider schmücken mich
Zauberfeuer wärmen mich

Noch nie war ich so weit oben
Noch nie war ich so schön
Noch nie war ich so gut

Komm, folge mir
Komm, sieh mich an
Komm, sprich

Ich liebe Dich

Zettel an der Tür

entschuldige
dass ich dich kommen ließ
ich bin schon fort

alles
aber auch alles
ist gesagt und getan

alles
aber auch alles
ist Schall und Rauch

und so ist es auch:

geglaubt und gebebt. immer.
immer noch gebebt
und doch

nur die Demütigung hat überlebt

entschuldige
dass ich dich kommen ließ
ich bin schon lange fort

Zweifel
(Ver...   ...ung)

Sonne ... Rot ...
Welche Liebe kann mich nach dir noch erfüllen?
Die des weißen Mondes?
Schön und Kalt
Secondhandlicht für die Mutter Erde
Notstromaggregatgezeugtes
Dass nicht sinnlos irre ich durch diese Finsternisse
Jenen Punkt der heiligen Höhe grad noch ahn
Immer träum!
Aber finde ich so heim?

Hast du ein Vermächtnis, Sonne ...
Welche Liebe?
Die des ewigen Mondes?
Ebbe. Flut?
Vollmonddringen! In ein Nichts von Nichts
Niemalsendend All
Wo das Licht an Eisessternen sich noch einmal bricht
Dass die Mutter Erde an die zwölf Mal elend friert
Im Jahr. Im schneidend schönen Schein
Finde ich so heim?

zwei und frei

ich bin da
schlaf ruhig ein

ich bin da
lass dich falln

       in dein All
       Nimmerend

ich bin da
flieg dich frei

       Abenteuerungeheuer
       Sinnesorgie ohne Lausch
       Lustrausch

       Sternegreifen ohne Zweifeln
       Weltenträume ohne Zeit
       unzuzweit

dreiste Lockung
tiefe Kühle

Ungefühle

ich bin da
morgen
wenn du aufwachst
       wird es warm um dich sein

Diese Gedichte sind zwischen 1969 und 2002
entstanden.

Sie repräsentieren unterschiedlichste Arbeits-
perioden der Autorin und werden hier zum
ersten Mal zusammengefasst und gebunden
vorgestellt.

Die Anordnung der Gedichte nach dem Alphabet
soll nur ein vorläufiges Prinzip sein.

Inhalt